Jessica Brauburger

**Inwieweit ist es möglich
die Schreibkompetenz
der Schülerinnen und Schüler
mit Hilfe des Buches
"The Curious Incident of the Dog in the
Night-Time" von Mark Haddon
im Englischunterricht zu fördern?**

Bachelor + Master
Publishing

Brauburger, Jessica: Inwieweit ist es möglich die Schreibkompetenz der Schülerinnen und Schüler mit Hilfe des Buches "The Curious Incident of the Dog in the Night-Time" von Mark Haddon im Englischunterricht zu fördern?, Hamburg, Bachelor + Master Publishing 2013

Originaltitel der Abschlussarbeit: Inwieweit ist es möglich die Schreibkompetenz der Schülerinnen und Schüler mit Hilfe des Buches "The Curious Incident of the Dog in the Night-Time" von Mark Haddon im Englischunterricht zu fördern?

Buch-ISBN: 978-3-95549-341-7
PDF-eBook-ISBN: 978-3-95549-841-2
Druck/Herstellung: Bachelor + Master Publishing, Hamburg, 2013
Covermotiv: © Kobes · Fotolia.com
Zugl. Studienseminar Hanau, Hanau, Deutschland, Staatsexamensarbeit, Februar 2013

Bibliografische Information der Deutschen Nationalbibliothek:
Die Deutsche Nationalbibliothek verzeichnet diese Publikation in der Deutschen Nationalbibliografie; detaillierte bibliografische Daten sind im Internet über http://dnb.d-nb.de abrufbar.

Das Werk einschließlich aller seiner Teile ist urheberrechtlich geschützt. Jede Verwertung außerhalb der Grenzen des Urheberrechtsgesetzes ist ohne Zustimmung des Verlages unzulässig und strafbar. Dies gilt insbesondere für Vervielfältigungen, Übersetzungen, Mikroverfilmungen und die Einspeicherung und Bearbeitung in elektronischen Systemen.

Die Wiedergabe von Gebrauchsnamen, Handelsnamen, Warenbezeichnungen usw. in diesem Werk berechtigt auch ohne besondere Kennzeichnung nicht zu der Annahme, dass solche Namen im Sinne der Warenzeichen- und Markenschutz-Gesetzgebung als frei zu betrachten wären und daher von jedermann benutzt werden dürften.

Die Informationen in diesem Werk wurden mit Sorgfalt erarbeitet. Dennoch können Fehler nicht vollständig ausgeschlossen werden und die Diplomica Verlag GmbH, die Autoren oder Übersetzer übernehmen keine juristische Verantwortung oder irgendeine Haftung für evtl. verbliebene fehlerhafte Angaben und deren Folgen.

Alle Rechte vorbehalten

© Bachelor + Master Publishing, Imprint der Diplomica Verlag GmbH
Hermannstal 119k, 22119 Hamburg
http://www.diplomica-verlag.de, Hamburg 2013
Printed in Germany

Inhalt

1 Einleitung 1

2 Theoretische Grundlagen 3

   2.1   Ein Plädoyer zur Bedeutung von authentischen englischsprachigen Jugendbüchern im Unterricht der Sekundarstufe I 3

   2.2   Zur Bedeutung der Schreibkompetenz im Fremdsprachenunterricht 5

3 Beschreibung der Lerngruppe 7

   3.1   Allgemeine Lerngruppenbeschreibung 7

   3.2   Fachliche Kompetenz der Lerngruppe 8

4 Beschreibung der Unterrichtseinheit 10

   4.1   Leitidee der Unterrichtseinheit – pädagogisch - didaktisches Gesamtkonzept 10

   4.2   Lernziele und Kompetenzen- Chancen und Nutzen für den Unterricht 12

   4.3   Didaktische Begründung des Einsatzes des ausgewählten Buches 14

   4.4   Methodische Überlegungen 17

   4.5   Exemplarische Darstellung einer ausgewählten Sequenz 18

   4.6   Exemplarische Darstellung einer weiteren ausgewählten Sequenz 20

   4.7   Evaluation der Unterrichtssequenzen 22

5 Fazit 24

6 Ausblick 26

7 Quellenverzeichnis 27

   7.1   Abbildungsverzeichnis 27

      7.1.1   Rekursiv verlaufender Prozess der Textproduktion 27

      7.1.2   Exemplarisch ausgewählter Fragebogen Seite eins zum Leseverhalten .. 28

      7.1.3   Ausschnitte aus exemplarisch ausgewählten Portfolios 30

      7.1.4   Advance Organizer 34

      7.1.5   Einige Beispiele für die Wahlaufgaben der Portfolioarbeit 34

      7.1.6   Ein Smiley, das die SuS selbst erstellt haben 35

      7.1.7   Placemat activtiy 35

      7.1.8   Bewertungskriterien 36

   7.2   Literaturverzeichnis 37

   7.3   Internetquellen 38

1 Einleitung

"The worst thing you do write is better than the best thing you don't write."
--April Young Fritz--

Das Erlernen einer Fremdsprache umfasst viele neue Aspekte, die teilweise gleichzeitig erlernt werden müssen. Dazu gehören die fachlichen Kompetenzen einer Fremdsprache, wozu die kommunikative Kompetenz Schreiben gehört.

Im Laufe des Unterrichts in meinem Englischkurs ist mir aufgefallen, dass gerade das Schreiben den Schülerinnen und Schüler[1] Probleme bereitet. Das Schreiben von längeren, freien Texten fiel den SuS schwer und es fehlte die Motivation am Schreiben. Sobald die Schreibaufgabe offener gestellt wurde, bereitet es den SuS große Schwierigkeiten. Außerdem haben sie Angst, Fehler zu machen es und war eine allgemeine Abneigung zu bemerken. Auffällig ist auch, dass die Spannbreite der Leistungen sehr groß ist. Zudem habe ich bemerkt, dass wir im Unterricht vorwiegend Sprechen, Hören, Lesen und Sprachmittlung geübt haben. Diese Feststellung hat mich dazu bewogen, die Schreibkompetenz in den Mittelpunkt meiner Unterrichtseinheit zu stellen. Da ich eine passionierte Leserin bin und wir in der Universität einige Seminare zu Literatur im Allgemeinen und zu Arbeit mit Literatur in der Schule hatten, habe ich mich dazu entschieden, zu untersuchen, in wie weit es möglich ist, die Schreibkompetenz der SuS mit Hilfe eines authentischen englischsprachigem Buch zu fördern.

Da ich selbst einige englischsprachige Jugendbücher besitze, beschloss ich, diese mit in den Unterricht zu bringen. Ich habe mich entschieden, die SuS selbst den zu lesenden Roman auswählen zu lassen, um so die SuS einzubeziehen und deren Interessen zu würdigen.

Außerdem sollten die SuS einen Einblick in die Arbeit mit Literatur erhalten, neue Methoden kennenlernen und ihre Schreibkompetenz erweitern.

In meiner Examensarbeit möchte ich zunächst unter Kapitel 2 die theoretischen Aspekte meiner Unterrichtseinheit beleuchten. Dort wird aufgezeigt, welche Bedeutung die Arbeit mit authentischen englischsprachigen Jugendbüchern in der Sekundarstufe I haben kann. Außerdem wird beschrieben, warum die Förderung der Schreibkompetenz ein wichtiges Ziel im Fremdsprachenunterricht ist.

In Kapitel 3 beschreibe ich meine Lerngruppe. Hier geht es zunächst um die allgemeine Beschreibung und danach um den konkreten Bezug auf die fachlichen Fertigkeiten der SuS.

Nachfolgend wird in Kapitel 4 die Unterrichtseinheit beschrieben. Hier geht es um die Leitidee der Unterrichtseinheit- das pädagogisch-didaktische Gesamtkonzept. Außer-

---
[1] Im Folgenden werde ich Schülerinnen und Schüler mit SuS abkürzen; hier sind aber immer beide Geschlechter gemeint.

dem werde ich die Lernziele der Unterrichtseinheit und die zu erwerbenden Kompetenzen beschreiben. Es folgt die didaktische Begründung des Einsatzes des ausgewählten Romans und die Beschreibung der eingesetzten Methoden. In 4.5 und 4.6 beschreibe ich zwei ausgewählte Unterrichtssequenzen, die ich für bedeutend erachte und in 4.7 werte ich diese aus. Danach folgt in Kapitel 4 das Fazit, in dem ich die Unterrichtseinheit evaluiere. Zum Schluss gebe ich einen Ausblick auf die Weiterarbeit mit dem Kurs und meinen zukünftigen Zielen.

2 Theoretische Grundlagen

2.1 Ein Plädoyer zur Bedeutung von authentischen englischsprachigen Jugendbüchern im Unterricht der Sekundarstufe I

Geschichten sind und waren schon seit jeher Teil des menschlichen Lebens.[2] Geschichten sprechen nicht nur unseren Intellekt an, sondern auch unsere Sinne und unser Herz.[3] Ich beschränke mich in meiner Arbeit auf die gedruckte Form der Geschichte; genauer gesagt mit authentischen englischsprachigen Jugendbüchern und deren Bedeutung für den Fremdsprachenunterricht der Sekundarstufe I.

Der Stellenwert von Literatur im Fremdsprachenunterricht nimmt fortwährend zu[4], was auf verschiedene Faktoren zurückzuführen ist.

Zu nennen sind hier u.a. die gewandelte Vorstellung vom Stellenwert literarischer Texte im vergangenen Jahrzehnt, die eine Hinwendung zum Leser/zur Leserin vorsieht.[5] Der Leser/die Leserin und dessen/deren Interaktion mit dem Text steht im Vordergrund. Für den schulischen Unterricht hat es zur Folge, dass die SuS mit Hilfe von unterschiedlichen Methoden und Verfahren selbst „das Potential literarischer Texte ausschöpfen (…)"[6] können. Zudem kann die Literaturarbeit die Herausbildung von überfachlichen bzw. fachlichen Kompetenzen[7] wie beispielsweise Sozialkompetenz oder die transkulturelle Kompetenz fördern.

Anhand der folgenden Modelle lässt sich die Einbeziehung von Literatur in den Fremdsprachenunterricht begründen:

> **Das interkulturelle Modell nach Carter/Long[8]**

Literatur kann im Fremdsprachenunterricht dazu dienen, Einblick in andere Kulturen und dort lebende Menschen zu bekommen, um so das Fremdverstehen zu fördern. Literarische Texte ermöglichen eine Vielzahl an Deutungsmöglichkeiten und gestatten es, sich in die Charaktere hineinzuversetzen und dementsprechend fremde Perspektiven zu erfahren. Sie sind dazu geeignet, über sich selbst nachzudenken und seine eigene Kultur im Vergleich zu anderen Kulturen zu reflektieren. So wird angeregt, eigene Vorstellungen zu überdenken und ggf. zu revidieren. Bredella formuliert es zusammenfassend wie folgt: „Er *(der literarische Text)* legt Schülerorientierung und

---

[2] vgl. Hesse: S.6
[3] ebd.
[4] vgl. Nünning/Surkamp S.12
[5] vgl. Haß 2006:160
[6] ebd.
[7] Hier folgt der Verweis auf die Bildungsstandards des hessischen Kultusministeriums für die modernen Fremdsprachen
[8] vgl. Carter/ Long 1991

schüleraktivierende Methoden nahe, da der Sinn eines Textes nicht gegeben ist, sondern erst unter der Mitwirkung des Lesers entsteht."[9]

> ### Das Sprachmodell nach Lazar

Literarische Texte können als Ausgangspunkt für verschiedene sprachliche Aktivitäten dienen, um so die kommunikative Kompetenz der SuS zu fördern. Sprechen, Schreiben, Hör- und Hör-/Sehverstehen, Leseverstehen und Sprachmittlung sind die fünf kommunikativen Kompetenzen, die Bestandteil der zu erwerbenden Diskursfähigkeit sind. "Das Leitziel Diskursfähigkeit wird durch eine ständige Erweiterung der Kommunikationsfähigkeit erreicht, die mit der Persönlichkeitsentwicklung untrennbar verknüpft ist."[10]

> ### Das Selbsterfahrungsmodell nach Bredella/Delanoy

Literarische Texte können sich positiv auf die Selbsterfahrung von SuS auswirken, deren Horizonte erweitern, Urteilskraft schärfen und die Sensibilität der SuS gegenüber den eigenen und den fremden Vorstellungen/Werte/Normen erhöhen (Empathiefähigkeit).

Angelehnt an Nünning/Surkamp[11] sprechen folgende Gründe ebenfalls für den Einsatz von literarischen Texten im Fremdsprachenunterricht:

- Sie können großes Motivationspotenzial besitzen
- Fordern zur kreativen Mitwirken an der Sinnbildung auf
- Reizen zum Nachfragen, Reagieren und Stellungnahme an
- Bieten authentische Sprechanlässe
- Ermöglichen vielfältige Zugangsmöglichkeiten
- Schulen das literarische Verstehen hinsichtlich der spezifischen Merkmale der Lyrik, Drama und Prosa[12]

Die Entscheidung für das Lesen eines authentischen Buches im Fremdsprachenunterricht hat für die Lehrkraft und die Lernenden folgende Vorteile[13]:

- Authentisches Material bietet in der Regel ein höheres Motivationspotenzial
- das Gefühl für eine Sprache wird besser vermittelt (im Vergleich zu didaktisch bearbeiteten Texten wie beispielsweise die Texte im Englischbuch)
- Authentische Texte vermitteln einen unverfälschten Eindruck in die Sprache und die Kultur des Landes, da diese von Muttersprachlern für Muttersprachlern konzipiert wurden

---

[9] Bredella 1995: 29
[10] Bildungsstandards und Inhaltsfelder moderne Fremdsprachen für die Realschule 2012:15
[11] vgl. Nünning/Surkamp S.17
[12] Schulung der spezifischen Merkmale abhängig von der jeweils im Unterricht behandelten Gattung
[13] vgl. Nünning/Surkamp S.45

Um das vielfältige Potential literarischer Texte nutzen zu können, ist es allerdings notwendig, dass die SuS sich in ihrer Lerngruppe wohlfühlen, da sie nur dann bereit sind, sich auf etwas Neues einzulassen – auf die Literaturarbeit – und der ausgewählte Text für sie interessant ist. (vgl. Kapitel 3)

2.2 Zur Bedeutung der Schreibkompetenz im Fremdsprachenunterricht

Die Schreibkompetenz[14] ist eine fachliche Kompetenz, der im Bereich des Fremdsprachenunterrichts ein großer Stellenwert zuteil wird.[15] Auf den ersten Blick wird man vermuten, dass dem Schreiben in unserem Zeitalter eine eher geringe Bedeutung zukommt. Auf den zweiten Blick sieht man, dass heutzutage so viele Texte verfasst werden wie nie zuvor[16]: E-Mails, Forenbeiträge, Chatrooms, in Facebook, Briefe, Notizen oder auch Klassenarbeiten. Schreiben bleibt auch weiterhin eine anzustrebende Kernkompetenz im Fremdsprachenunterricht der Sekundarstufe I.[17]

Diese hochkomplexe Kulturtechnik gilt es zu entwickeln, da es laut PISA-Studie große Defizite gerade in diesem Bereich gibt.[18]

Mit Hilfe von Schreibanlässen und motivierenden Schreibaufgaben ist es möglich, die Schreibkompetenz zu fördern. Haß[19] unterscheidet Schreibaufgaben wie folgt:

> Persönliches Schreiben (u.a. Tagebucheinträge, Portfolioeintragungen, Merkzettel, note taking)

In meiner Unterrichtseinheit habe ich mich für das persönliche Schreiben entschieden, genauer gesagt der Portfolioarbeit. (vgl. Kapitel 4)

> Partnerorientiertes Schreiben (u.a. Briefe, Wegbeschreibungen, Karten, Einladungen)

> Offizielles Schreiben (Bewerbungsschreiben und Lebenslauf[20], Entschuldigungsschreiben, Spielanleitungen u.s.w.)

> Kreatives Schreiben (u.a. Reime, Gedichte, Bildergeschichten)

> Übendes Schreiben - hier steht besonders das Üben der Orthographie im Vordergrund (Diktate jeglicher Art, Sortieren von verwürfelten Textteilen usw.)

Der Schreibprozess ist komplex und mit vielen Rückkopplungen verbunden.[21] Zuerst wird das Schreibziel definiert, das je nach Aufgabenstellung Lehrkraft oder die SuS

---

[14] Der Kompetenzbegriff wird hier, angelehnt an Thaler 2012:19), als „eine komplexe, meist situativ eingebettete und lebensweltlich orientierte Handlungsfertigkeit" beschrieben.
[15] vgl. u.a. Thaler 2012:198; Haß 2006:103
[16] vgl. Kieweg 2009: 2
[17] vgl. Thaler 2012:198
[18] vgl. Kieweg 2009: 2
[19] Vgl Haß 2006:105ff.
[20] Beispielsweise möglich im fächerübergreifendem Unterricht in Kombination mit Arbeitslehre, meinem zweiten Fach
[21] Thaler 2012:200

festlegen. Es wird festgelegt, wie das Endprodukt – bspw. ein Brief, ein Gedicht, ein Tagebucheintrag – gestalten sein soll, dass alle SuS herstellen.

Dabei entsteht kein großer Zeitdruck – wie beispielsweise beim Sprechen, bei dem man direkt reagieren muss – und der Schreibprozess bietet den Vorteil, dass man das zu erstellende Produkt immer wieder neu bearbeiten, ändern und korrigieren kann.

Die Lehrkraft sollte allerdings der Orthographie der Endprodukte im fremdsprachlichen Unterricht keinen zu großen Stellenwert zukommen lassen; ausgenommen natürlich es handelt sich um übendes Schreiben (siehe oben).[22]

Nach meiner Erfahrung in dieser Unterrichtseinheit habe ich feststellen können, dass die SuS es als demotivierend empfinden können, wenn die Orthographie überbewertet wird. Dadurch wird das Schreibprodukt, in diesem Fall das Portfolio, aus Sicht der SuS abgewertet. Hier muss man möglichst sensibel vorgehen. Alternativ kann der/die Lernende mit einem Partner oder in der Kleingruppe im geschützten Rahmen eine gemeinsame Korrektur durchführen. Der organisatorische Aufwand der Lehrkraft wird dadurch enorm verringert und es stärkt zusätzlich die Teamfähigkeit und die Selbstständigkeit der SuS. Kieweg schlägt einen rekursiv verlaufenden Prozess der Textproduktion[23] vor, bei dem die SuS den jeweils ersten Entwurf durch die Mitschüler/innen korrigieren lassen und ihn anschließend selbst überarbeiten. Danach erstellt die Lehrkraft eine Grobkorrektur. Am Ende überarbeiten die SuS ihre Entwürfe erneut und erhalten so ihre endgültigen Fassungen. Nach Sensibilisierung der SuS für die Korrektur und den Umgang mit den Texten, habe ich positive Erfahrungen mit diesem Verfahren gemacht. Allerdings braucht es einige Erfahrung seitens der Lehrkraft und der SuS um eine durchweg gelungene Textproduktion angelehnt an Kieweg durchzuführen.

Ziel der Stärkung der Schreibkompetenz ist es, dass die SuS in der Lage sind neue Lerninhalte schriftlich zu fixieren und auch eigene Texte erstellen zu können – angepasst an die jeweiligen Schreibfertigkeiten der einzelnen SuS.[24] Dazu gehören auch die Fähigkeiten, Gedanken, Meinungen und Gefühle zunehmend differenzierter darstellen zu können sowie die für eine Textart spezifischen Merkmale und formalen Konventionen berücksichtigen zu können.[25]

---

[22] vgl. Haß 2006:107
[23] siehe Abbildungsverzeichnis 7.1.
[24] vgl. Kieweg 2009:3
[25] ebd.

3 Beschreibung der Lerngruppe

3.1 Allgemeine Lerngruppenbeschreibung

Ich unterrichte den Kurs 8b2 vierstündig im Fach Englisch seit dem 01.02.2012. Der Kurs (Realschulniveau) besteht aus acht Schülerinnen und zehn Schülern[26], die im Durchschnitt 14 Jahre alt sind. Die Lerngruppe stammt aus zwei unterschiedlichen Klassen. Ein Teil des Kurses ist mir bereits aus dem Arbeitslehreunterricht bekannt.
Die SuS und ich haben einen respektvollen Umgang miteinander.
Die **Lernatmosphäre** in der Klasse ist meist angenehm und unterrichtsfördernd. Allerdings kommt es vereinzelnd zu störenden Gesprächen unter den SuS, die für den Unterricht irrelevant sind. Diesen Gesprächen wirke ich durch verbale Ermahnung entgegen, was zumeist Wirkung zeigt und das Gespräch wird unterbunden.
Auffällig ist hier, dass die Mädchen der Klasse oft leise Gespräche mit der Nachbarin führen, während die Jungen eher durch lautes Zwischenrufen oder auffälliges Verhalten stören um Aufmerksamkeit zu erlangen.
Auf unbekannte und neue Lerninhalte oder Themen reagieren sie zunächst meist skeptisch. Es fällt ihnen schwer, sich auf neue Themen und Methoden einzulassen, weswegen es förderlich ist, sie in die Unterrichtsplanung einzubeziehen.[27]
Durch den strukturierten Unterricht hat sich das Arbeitsverhalten der SuS mit der Zeit zunehmend verbessert und die Beteiligung am Unterricht hat zugenommen, wovon der gemeinsame Unterricht merklich profitiert. Auch die zwei Mädchen, Marina und Denise, die sich früher bei Gruppenaktivitäten ausschlossen, haben sich besser in den Kurs integriert. Die geschützte Atmosphäre in Kleingruppen oder bei Partnerarbeiten hat dazu beigetragen, die Arbeitsatmosphäre zu verbessern. Weiterhin ist es mein Ziel, die Sozialkompetenz und die methodische Kompetenz der Lerngruppe in Bezug auf kooperative Lernformen zu verbessern. Dazu werde ich allmählich von Partnerarbeit in die Gruppenarbeit wechseln und offenere Unterrichtsformen verwenden.
In dieser Klasse gibt es nur einen Schüler mit Verhaltensauffälligkeiten. Jonas ist häufig unkonzentriert und laut, da er ADS hat. Dies äußert sich zudem durch Zappeln und Schaukeln mit dem Stuhl, was unterbunden werden muss. Am Unterrichtsgeschehen beteiligt er sich und seine Beiträge sind qualitativ wertvoll, so dass er sich insgesamt gut in den Kurs integriert.

---

[26] Im Folgenden werde ich statt Schüler und Schülerinnen die Abkürzung SuS benutzen.
[27] Wie bespielsweise bei der Auswahl der Literatur für diese Unterrichtseinheit

Fachliche Kompetenz der Lerngruppe

Die Schreibkompetenz wird in den hessischen Bildungsstandards für die Realschule wie folgt definiert: "Die Lernenden verfassen Texte in unterschiedlichen Formaten und formulieren diese adressaten- und anlassbezogen. Sie gestalten ihre Texte unter Berücksichtigung von Sprach- und Textnormen."[28]

Es gilt nun festzustellen, welches Niveau die SuS im Bereich der Schreibkompetenz besitzen um am Ende der Unterrichtseinheit feststellen zu können, ob die Schreibkompetenz mit Hilfe des authentischen Jugendbuches "The Curious Incident of the Dog in the Night-Time" von Mark Haddon gefördert werden konnte.

Die fachliche Kompetenz der Lerngruppe in Englisch ist heterogen. Besonders im Bereich des Schreibens variiert die Leistung der SuS stark.

Zu Beginn der Unterrichtseinheit habe ich durch einen Fragebogen zum Leseverhalten und einigen Aufgaben zur Feststellung der Schreibkompetenz den Lernstand der SuS erfasst. Die Lesekompetenz der SuS spielt natürlich bei dem Arbeiten mit einem Buch eine sehr große Rolle. Das Buch bzw. Abschnitte des Buches müssen zunächst gelesen werden um anschließend damit arbeiten zu können. Dies ist Voraussetzung um Schreibanlässe entstehen zu lassen, die für die Förderung der Schreibkompetenz in dieser Unterrichtseinheit nötig sind.

Der Fragebogen umfasste Fragen zum Leseverhalten[29] der SuS im Allgemeinen. Dadurch war zunächst festzustellen, dass die überwiegende Mehrheit wenig oder gar keine Bücher/Zeitungen/Comics liest. Es war deutlich zu erkennen, dass das Interesse für Literatur wenig ausgeprägt ist und die SuS anderen Freizeitaktivitäten den Vorzug geben.

Danach habe ich mit Hilfe einiger Aufgabestellungen die Schreibkompetenz der SuS festgestellt um deren Lernstand einordnen zu können. Die Aufgaben[30] umfassten u.a. die Beschreibung einer Person anhand eines Bildes oder die Erläuterung eines Feiertages in Deutschland für eine britische Schule. Aufgrund meiner einjährigen Erfahrung mit der Lerngruppe – Unterrichtsgeschehen, Ausflüge, Klassenfahrt, Klassenarbeiten – konnte ich eine ergänzende Einschätzung vornehmen.

Zur Einschätzung meiner SuS nutzte ich die Deskriptoren des Gemeinsamen europäischen Referenzrahmens für Sprachen[31].

---

[28] Hessische Bildungsstandards für die Realschule S. 10
[29] Siehe Abbildungsverzeichnis
[30] Die Aufgaben stammen vom Institut zur Qualitätsentwicklung im Bildungswesen
[31] Europarat 2000; Ich führe hier nur die Niveaus bis einschließlich B1 an, da keiner der SuS im Bereich der Schreibkompetenz über ein höheres Niveau verfügt.

Niveau im Referenzrahmen	Schreiben	Zuzuordnende SuS	Problembereiche
A1 Elementare Sprachverwendung- Breakthrough	Ich kann eine kurze einfache Postkarte schreiben, z. B. Feriengrüße. Ich kann auf Formularen, z. B. in Hotels, Namen, Adresse, Nationalität usw. eintragen		
A 2 Elementare Sprachverwendung- Waystage	Ich kann kurze, einfache Notizen und Mitteilungen schreiben. Ich kann einen ganz einfachen persönlichen Brief schreiben, z. B. um mich für etwas zu bedanken.	Harris (LRS) Jonas K. (LRS) Sophia Patrick Tabea André Mark-René Darien Florian Jonas Celine	Rechtschreibung; fehlendes Vokabular Rechtschreibung Satzstellung Rechtschreibung; Grammatik Grammatik Rechtschreibung Rechtschreibung Rechtschreibung, Grammatik Grammatik Rechtschreibung Grammatik; Wortschatz
B1[32] Selbstständige Sprachverwendung- Threshhold	Ich kann über Themen, die mir vertraut sind oder mich persönlich interessieren, einfache zusammenhängende Texte schreiben. Ich kann persönliche Briefe schreiben und darin von Erfahrungen und Eindrücken berichten.	Marina Luna Marc Chiara Julia Nils Denise	Bei diesen SuS ist erkennbar, dass sie ohne große Probleme einfache zusammenhängende Texte schreiben können sowie Briefe um ihre Erfahrungen und Eindrücke schildern zu können.

Die Schreibprodukte der SuS haben ein sehr unterschiedliches Niveau. Außerdem ist mir aufgefallen, dass die Lerngruppe sehr ungern schreibt und sehr unmotiviert ist, selbst Texte zu verfassen. Auffällig ist zudem, dass die Mädchen im Durchschnitt besonders im schriftlichen Bereich die besseren Leistungen erzielen.

Die oben aufgeführten Gründe haben mich dazu veranlasst, mich für die Förderung der Schreibkompetenz zu entscheiden und nicht für die in Bezug auf Literatur naheliegende Lesekompetenz. Die Schreibkompetenz zielt darauf ab, dass die SuS am Ende der Schulzeit „Kreativität und Phantasie freisetzen sowie das inhaltliche, sprachliche, textsortenangemessene und formale Regelwerk – letzteres auch mit Blick auf das spätere Berufsleben – beachten".[33]

Mein Ziel in der Unterrichtseinheit ist es, mit Hilfe des Jugendbuches von Mark Haddon, vielfältige Schreibanlässe für die SuS zu bieten und somit die Motivation zum Schreiben von eigenen Texten zu steigern und die Schreibkompetenz zu verbessern.

---

[32] Die Bildungsstandards sehen vor, dass die SuS der Realschule am Ende ihrer Schulzeit (im Wesentlichen) das Niveau B1 erreichen.
[33] Haß 2006:103

4 Beschreibung der Unterrichtseinheit

4.1 Leitidee der Unterrichtseinheit – pädagogisch - didaktisches Gesamtkonzept

Der Titel der Einheit lautet wie folgt „Inwieweit ist es möglich die Schreibkompetenz der Schülerinnen und Schüler mit Hilfe *des Buches "The Curious Incident of the Dog in the Night-Time"* von Mark Haddon im Englischunterricht der Sekundarstufe I zu fördern? Die Unterrichtseinheit umfasste insgesamt 22 Stunden.

Angelehnt an das Prozessmodell[34] werde ich die Unterrichtseinheit in folgende fünf Bereiche unterteilen:

1. **Lernen vorbereiten und initiieren**
2. **Lernwege eröffnen und gestalten**
3. **Orientierung geben und erhalten**
4. **Kompetenzen stärken und erweitern**
5. **Lernen bilanzieren und reflektieren**

1. Lernen vorbereiten und initiieren

Hier soll das Vorwissen der SuS aktiviert und daran angeknüpft werden. Das Vorwissen der SuS soll danach für die Weiterarbeit in der Unterrichtseinheit genutzt werden. Bezogen auf meine Unterrichtseinheit wurde zunächst der Fragenbogen zum Leseverhalten von den SuS bearbeitet und die Schreibkompetenz der SuS festgestellt.[35] Dies diente als Grundlage für die nachfolgende Einteilung der Portfoliogruppen und als Ausgangslage für die Bewertung des Portfolios. Somit ist sichergestellt, dass nach der individuellen Bezugsnorm bewertet werden kann, da das Individuum und dessen Fähigkeiten im Vordergrund stehen. Danach wurden von den SuS verschiedene Lektüren angeboten, die ich zur Auswahl gestellt hatte. Die SuS hatten auch die Möglichkeit eigene Lektüren vorzuschlagen, was durchaus genutzt wurde. Dann erfolgte die Vorstellung der Bücher, zu der eine gemeinsame Abstimmung für die Wahl eines Buches stattfand. (vgl. Kapitel 4.3) So wurden sowohl die Schülerinteressen mit einbezogen, als auch die Motivation durch die gemeinsame Auswahl erhöht. (vgl. Kapitel 3.1)

Es wurde gemeinsam ein Advance Organizer[36] erstellt, der jederzeit für SuS und Lehrkraft zur Verfügung stand und zum Überblick über die aktuelle Unterrichtseinheit dient. Zusätzlich wurden die Leistungserwartungen bezüglich des Portfolios, dessen

---

[34] siehe Abbildungsverzeichnis
[35] Der Fragebogen und die Feststellung der Schreibkompetenz wird in 3.2. näher beschrieben.
[36] siehe Abbildungsverzeichnis

Bewertungskriterien und der Abgabetermin bekanntgegeben, um Transparenz für die SuS zu schaffen.

2. Lernwege eröffnen und gestalten

Nachdem an das Vorwissen der SuS angeknüpft und ein Überblick der Unterrichtseinheit gegeben wurde, begannen die SuS nun mit der eigentlichen Bearbeitung des Buches. Als erstes wurde die Aufgabe gestellt, dass die SuS anhand des Buchtitels ihrer Kreativität freien Lauf lassen konnten. Sie malten ein Bild oder notierten, was sie bezügl. des Buchtitels assoziieren. Darauffolgend haben wir gemeinsam einige Kapitel gelesen und besprochen.[37] Die Methode des heringbone-Diagramms[38] wurde eingeführt, erläutert und ausprobiert. Zugehörige Fragen wurden geklärt und die SuS sollten nun anhand des Diagramms eine Inhaltsangabe in ihren Kleingruppen zu dem Kapitel schreiben. Anschließend waren die Texte in der gemeinsamen Runde besprochen. Alle Produkte der SuS von dieser Unterrichtseinheit wurden in ihrem Portfolio gesammelt.

Nach dem gemeinsamen Einstieg bearbeiteten die SuS in der Sozialform ihrer Wahl ihre Arbeitsaufträge. Für die Dauer der Unterrichtseinheit habe ich mich entschieden, die SuS in Gruppen zu unterteilen. Diese Einteilung erfolgte aufgrund der Schreibkompetenz der SuS und der Auswertung des Fragebogens zum Leseverhalten. Innerhalb ihrer Gruppen durften sich die SuS selbst aussuchen, ob sie alleine, zu zweit, dritt oder gemeinsam arbeiten wollten. Das hatte den Vorteil, dass es jederzeit möglich war, auf die Hilfe der Gruppe zurückzugreifen, selbst wenn man sich für Einzelarbeit entschieden hatte.

Die Arbeitsaufträge bestanden daraus, einige Kapitel des Buches zu lesen, anschließend das heringbone-Diagramm zu erstellen und schließlich die Inhaltsangabe zu schreiben. Wichtig war, dass die SuS immer die Möglichkeit hatten in ihren Kleingruppen Fragen zu stellen oder sich, falls nötig, zu besprechen. Das selbstständige Arbeiten wurde so gefördert. Es war zu beobachten, dass die SuS zu Beginn der Arbeitsphase viele Fragen an mich hatten und sich auch teilweise überfordert gefühlt haben. Diese Annahme beruht auf meiner Beobachtung, da sie zunächst wenig mit ihren anderen Gruppenmitgliedern gearbeitet haben, sondern sich vermehrt an mich gewendet haben. Daher gehe ich davon aus, dass das freie Arbeiten für einige SuS ungewohnt war.

Die Aufgaben des Portfolios umfassten sowohl die Pflicht-, als auch die Wahlaufgaben[39] von denen die SuS sich mindestens drei aussuchen sollten. Nach der Portfolioarbeit haben wir noch einen genaueren Blick auf den Hauptprotagonisten

---

[37] Eine detaillierte Übersicht über die gemeinsame Arbeitsphase befindet sich unter 4.4.
[38] Eine detaillierte Übersicht über das heringbone-diagram findet sich unter 4.4.
[39] Siehe Pflicht,- und Wahlaufgaben im Abbildungsverzeichnis

Christopher Francis Boone geworfen. Die SuS sollten in ihren Gruppen jeweils unterschiedlichen Textstellen lesen und anschließend mit Hilfe der Placemat-Methode[40] die wichtigsten Fakten zu Christopher notieren. Mit Hilfe dieser Fakten wurde ein Plakat erstellt, das während eines gallerywalk[41] ausgestellt wurde.

3. Orientierung geben und erhalten

In der dritten Phase erhielten die SuS in ihren Gruppen die Möglichkeit ihr Portfolio vorzustellen und sich Tipps für die Weiterarbeit (Korrektur) einzuholen. Ggf. besteht natürlich auch die Möglichkeit sich bei der Lehrkraft ein Feedback einzuholen. Die SuS legen ihre Ziele für die Weiterarbeit in ihrem Portfolio schriftlich fest.

4. Kompetenzen stärken und erweitern

Die SuS stellten ihre Portfolios fertig und geben diese bei der Lehrkraft ab. Bis dahin sind jederzeit Rückmeldungen durch die Gruppe oder die Lehrkraft möglich. Auch falls weitere Fragen ergeben, steht die Lehrkraft natürlich zur Verfügung. Zum Festigen des Inhaltes des Buches erstellen die SuS schließlich in Partnerarbeit einige Fragen für ein abschließendes Quiz im Stil von „Wer wird Millionär?". Nach Korrektur der Fragen durch die Lehrkraft treten jeweils zwei Partnerteams gegeneinander an. Die didaktisch reduzierte Version des Spiels beinhaltet nur einen 50:50 - Joker. Zusätzlich werden Redemittel zum Spielen bereitgestellt und deren Nutzung durch Extrapunkte belohnt. Die richtige Beantwortung der Fragen gibt Punkte und das Verwenden von deutscher Sprache während des Spiels Minuspunkte. So wird der Inhalt auf spielerisch motivierende Art nochmals reflektiert und gefestigt.

5. Lernen bilanzieren und reflektieren

Zum Ende der Unterrichtseinheit werden offene Fragen geklärt und die Portfolios durch die Lehrkraft bewertet. Die Kriterien sind für die SuS jederzeit transparent, so dass die Erwartungen für alle SuS bekannt sind. Die Lehrkraft gibt ein schriftliches Feedback zu jedem einzelnen Portfolio um den SuS Tipps für die zukünftige Weiterarbeit im Englischunterricht zu vermitteln.

4.2 Lernziele und Kompetenzen - Chancen und Nutzen für den Unterricht

Die Förderung der Schreibkompetenz der SuS steht in dieser Unterrichtseinheit im Vordergrund. Wie bereits in Kapitel 2.2 allgemein beschrieben, ist es Ziel, dieses mit

---

[40] Siehe 4.4
[41] Siehe 4.4.

Hilfe des Jugendbuches von Mark Haddon zu erreichen. Das authentische Jugendbuch in der Zielsprache dient zunächst als Kommunikationsanlass und als Sprachmodell[42].
Bezogen auf die Unterrichtseinheit soll der Roman als Ausgangspunkt für die Förderung der Schreibkompetenz dienen.

Durch die gemeinsame Auswahl des Buches sollen die Freude am Lesen geweckt und die SuS zum Lesen längerer englischsprachiger Texte motiviert werden. Ein weiteres Ziel ist es, literary literacy aufzubauen; das bedeutet, die Kenntnis über und der kompetente Umgang mit den Merkmalen und Konventionen eines literarischen Textes nach und nach zu erlernen.[43]

Zudem sollen die SuS
- verschiedene Methoden der Textarbeit kennenlernen
- das Erstellen eines Portfolios erlernen
- die Methoden Placemat-activity, gallery walk und heringbone-Diagramm- kennenlernen bzw. Einüben

Folgender Kompetenzerwerb soll während der Unterrichtseinheit angestrebt werden:

Überfachliche Kompetenzen[44]

Personale Kompetenz	Selbstregulierung	Die Lernenden sind in der Lage ihren eigenen Lernprozess zu steuern und zu strukturieren, in dem sie ihr Portfolio selbstständig fertigstellen.
Sozialkompetenz	Kooperation und Teamfähigkeit	Die Lernenden arbeiten produktiv in Partner,- und Gruppenarbeit zusammen. Sie entwickeln nach und nach eine allgemeine Teamfähigkeit.
Lern- kompetenz	Arbeits- kompetenz	Die Lernenden planen ihren eigenen Arbeitsprozess in einem vorgegebenen Zeitrahmen. Sie dokumentieren ihren Lernprozess im Portfolio und ziehen Schlussfolgerungen für ihre weitere Arbeit (Überarbeitung von bereits fertiggestellten Aufgaben).

Fachliche Kompetenzen[45]

Kommunikative Kompetenz	Leseverstehen	Die Lernenden können literarischen Texten nach eingehender Beschäftigung Informationen über Zeit, Ort, Personen und Handlungsverlauf entnehmen und ansatzweise die Aussageabsicht verstehen.
	Sprechen	Die Lernenden können Personen, Gegenstände und Vorgänge beschreiben, Handlungsabläufe einer Geschichte in elementarer Form wiedergeben und ihre Meinung dazu äußern und die Ergebnisse eigener Arbeiten vorstellen (mit Hilfe von vorgegebenen Redemittel).
	Schreiben	**Die Lernenden können Inhalte gelesener und bearbeiteter Texte mit Hilfe des heringbone-diagrams aufschreiben und daraus eine Inhaltsangabe verfassen. Außerdem können sie selbstständig entsprechende Arbeitsaufträge erledigen.**

Ich werde nun konkret auf die Förderung der Schreibkompetenz eingehen, da dies im Mittelpunkt meiner Unterrichtseinheit steht. Die Förderung der Schreibkompetenz in Kombination mit Literaturarbeit umfasst folgende Ziele[46]:

---
[42] Vgl. Thaler 2012:251
[43] vgl Haß 2006:159
[44] vgl. Bildungsstandards und Inhaltsfelder Realschule S. 8ff.
[45] ebd.

- Verschiedene Weltanschauungen und Lebensentwürfe als Schreibanlass nutzen
- Freude am Lesen und daraus resultierend am Schreiben finden
- Sich kreativ und phantasievoll mit Literatur auseinandersetzen
- Arbeit an der eigenen Sprache im Bereich der Lexik und Grammatik: Erweiterung des Wortschatzes, Wiederholung von grammatischen Strukturen
- Aufbau einer literacy literacy
- Erwerb von text skills, zu deren Lernzielen die Erstellung einer Zusammenfassung, die Fähigkeit zur Diskussion, das korrekte Unterstreichen usw. gehören

Die oben genannten Ziele dieser Unterrichtseinheit und der damit einhergehende, langfristige Kompetenzerwerb erfordern eine kontinuierliche Arbeit mit literarischen Texten. Haß[47] schlägt vor, eine Ganzschrift mindestens einmal pro Schuljahr zu bearbeiten, da es sich hoch motivierend auf die SuS und den Fremdsprachenunterricht auswirken kann. Wichtig ist auch, dass die SuS einen Einblick in möglichst viele unterschiedliche Textsorten und Stile bekommen wie zum Beispiel short story, short novels, novels, poems und short plays[48], denn nur so ist es möglich eine literary literacy zu entwickeln, die möglichst viele Textsorten umfasst.

4.3 Didaktische Begründung des Einsatzes des ausgewählten Buches

Eine grundlegende Frage bei der Planung von literarischen Unterrichtseinheiten ist die Frage nach der Textauswahl. Abhängig von der Lerngruppe muss die Lehrkraft bzw. Lehrkraft und SuS immer wieder neu über die zu lesende Literatur abstimmen, um die SuS weder zu unter- noch zu überfordern und deren Interesse an dem ausgewählten Text zu wecken. Dies wird nur dann erfüllt, wenn die für die Lerngruppe passende Literatur ausgewählt wird.

Die Lehrkraft sollte selbst belesen sein, um zum einen den SuS den Spaß am Lesen zu vermitteln als auch um die Wahl des zu lesenden Textes bewusst treffen zu können.[49] Mir war es sehr wichtig, den SuS zu ermöglichen ihre eigenen Interessen einbringen zu können. Dazu habe ich einige Bücher aus meinem eigenen Bestand in den Unterricht mitgebracht, so dass es die Möglichkeit gab, sich diese genauer anzusehen oder durchzublättern. Es durften auch eigene Vorschläge gemacht sowie

---

[46] vgl. Haß 2006:159 ff.
[47] 2006:149
[48] Vgl. Haß 2006:148
[49] Vgl. Weskamp 2001:198

eigene Bücher mitgebracht werden. Die SuS sollten in Partnerarbeit ein selbstgewähltes Buch präsentieren. Schließlich haben wir demokratisch abgestimmt und uns gemeinsam auf das Buch von Mark Haddon geeinigt. Der Roman wurde schon nach kurzer Zeit für den Unterricht entdeckt und hat sich schließlich auch zur Behandlung in der Sekundarstufe I bewährt, da der Roman ein hohes Identifikationspotential hat.[50]

Ich habe den Roman persönlich bereits gelesen, so dass mir der Inhalt vor der Unterrichtseinheit bekannt war. Die Auswahl erfolgt somit schülerorientiert nach folgenden Kriterien[51]:

1. Inhalt des Buches

Der Roman "The Curious Incident of the Dog in the Night-Time" von Mark Haddon, erschienen im Jahr 2003 und ist als autobiographische Erzählung des fünfzehnjährigen Christopher Francis Boone angelegt. Christopher stammt aus dem englischen Ort Swindon. Der Junge findet nachts einen toten Hund im Garten der Nachbarin, der mit einer Mistgabel erstochen worden ist. Er beschließt, den Mörder ausfindig zu machen und stellt Nachforschungen in der ganzen Nachbarschaft an. Christopher lebt bei seinem Vater, der Christopher die Detektivarbeit – nach Christophers großem Vorbild Sherlock Holmes – verbietet. Christopher forscht dennoch weiter nach und findet heraus, dass seine totgeglaubte Mutter noch lebt und mit dem ehemaligen Nachbarn, dem Mann der Besitzerin des toten Hundes, in London lebt. Etwa bis zu dem mittleren Teil des Buches ist es als murder mystery novel angelegt. Danach beginnt die quest novel, die davon handelt, wie Christopher sich selbst findet und weiterentwickelt bis zu der Stelle, an der er zu seiner Mutter nach London fährt. Am Ende des Romans kehrt Christopher wieder zu seinem Vater zurück, der versucht das zerrüttete Verhältnis zu verbessern, indem er Christopher einen Hund namens Sandy schenkt. Christopher ist glücklich und macht einen sehr guten Abschluss in seinem Lieblingsfach Mathematik.

2. Plot

Die SuS waren interessiert an dem Plot und wollten wissen, wer den Hund getötet hatte. Es war für sie auch ansprechend, dass es eine Detektivgeschichte ist, bei dem Spannung erzeugt wird. Als schwierig stellte sich aber der Wechsel von der murder mystery novel zu dem quest novel dar, da die SuS einige Probleme hatten beide Teile miteinander zu verknüpfen. Andererseits ist es auch als positiv zu werten, wenn zwischen Leser und Text „Reiberein, Brüche, Ungereimtheiten, Unvereinbarkeiten"[52]

---

[50] vgl. u.a. Breuer/Peters-Hilger 2007; Kinzel/Schwindt 2009
[51] Weskamp 2001:199; die Kriterien zur Auswahl eines literarischen Textes im Fremdsprachenunterricht variieren stark und ich habe mich hier für die Kriterien einer schülerorientierten Textauswahl nach Weskamp entschieden.
[52] Decke-Cornill 1994:281

entstehen, weil diese wiederum ein Klärungs- und Redebedürfnis wecken und somit die Aktivität im Unterricht erhöhen.[53]

3. Erzählperspektive

Heranwachsende lesen lieber autobiographische Erzählungen, da somit eine Identifizierung mit dem Protagonisten erleichtert wird.[54] Zudem ist es von Vorteil für die SuS, wenn sich der Hauptprotagonist in ihrer Altersstufe befindet. Das erleichtert es zusätzlich, sich zu identifizieren und emotionale Zugänge zu ermöglichen. (vgl. Sprachmodell nach Carter/Long)

4. Leseerfahrung

Die generelle Lesemotivation der Lerngruppe ist gering, aber bei Detektivgeschichten wie zum Beispiel Sherlock Holmes zeigt sich, dass die einige SuS an diesem Genre Interesse zeigen. Auch lesen sie sehr gerne Bücher mit Hauptprotagonisten, die ihrer Altersstufe entsprechen.

5. Gender[55]

Bei der Auswahl des Buches war es auch bedeutend, dass beide Geschlechter Interesse für das Thema des Buches zeigen. Beide Geschlechter bevorzugen spannende Bücher mit Themen und einem Protagonisten, mit dem sie sich identifizieren können.[56] Autoren entscheiden sich oft für einen männlichen Hauptakteur, der mit universellen Problemen (hier: Erwachsenwerden, Familie oder Identitätsfindung) konfrontiert wird und der versucht für seine Rechte oder wie in der Geschichte, für die Rechte des toten Hundes zu kämpfen.[57] Bei dem ausgewählten Roman spielt ein Tier, der Hund, eine zentrale Rolle und somit werden auch tierinteressierte Mädchen angesprochen.

6. Multimodalität[58]

Interessant für die SuS ist, dass das Buch nicht nur aus einer schriftlichen Erzählung, sondern einer Vielzahl von anderen symbolischen Darstellungsweisen besteht. Man findet Smileys, Muster von Sitzbezügen, mathematische Gleichungen oder auch Stadtpläne.[59] Mit Hilfe dieser Symbole ist es dem Protagonist möglich, sich dem Leser besser oder präziser mitzuteilen. Außerdem gelingt es, komplexe Sachverhalte, die

---

[53] Vgl. Weskamp 2001:201
[54] Vgl. Weskamp 2001:199
[55] Vgl. Hesse 2009:15
[56] ebd.
[57] ebd.
[58] vgl. Hallet 2010:21
[59] vgl. Hallet, Wolfgang 2010:21

schwierig zu verstehen sind, durch Zeichnungen vereinfacht darzustellen und die SuS sind durch die wiederkehrende Symbolik nicht von zu viel Text abgeschreckt.[60]

4.4 Methodische Überlegungen

Die Unterrichtseinheit habe ich an der Methode von Wolfgang Hallet „Curious Incidents for Curious Readers - plot-orientierte und differenzierende Romanlektüre" angelehnt.[61] Unser Hauptprotagonist Christopher Francis Boone sagt: „A murder mystery novel is like a puzzle and if it is a good puzzle, you can sometimes work out the answer before the end of the book". Genau diese Arbeit leisten die SuS während der Unterrichtseinheit. Daraufhin arbeiten sie differenziert an ihrem Portfolio weiter um sich intensiver mit Christopher und dessen Weltsicht zu beschäftigen.

Neben den zuvor erwähnten Zielen, ist es ein weiteres Ziel, mit Hilfe einiger ausgewählter Kernkapitel den zweigeteilten Plot zu rekonstruieren und somit beide Handlungsstränge des Romans zu erfassen ohne den gesamten Roman gelesen zu haben.[62] Durch diese Vorgehensweise ist es möglich, den Roman bereits in einer achten Klasse zu lesen. Das Lesen des gesamten Romans und dessen Bearbeitung hätte die SuS möglicherweise überfordert. Im Hinblick auf das Leseinteresse und die Lesemotivation sollte sich die Erarbeitung der Lektüre im Wesentlichen aus das Was? der Erzählung ausrichten.[63]

- **Plot rekonstruieren**[64]

Um den Plot des Romans zu rekonstruieren, werden zunächst zwei Poster mit den Kapitelnummern an die Wände des Klassenzimmers gehängt. Die zwei Poster sollen mit den Inhaltsangaben[65] der Kapitel 2 und 59[66] gefüllt werden und höchstens drei Sätze umfassen. Die SuS lesen in ihren Kleingruppen zunächst das Kapitel 2, anschließend das Kapitel 59 und tragen dann grundlegende Informationen in das heringbone-Diagramm ein. (vgl. Kapitel 4.5)

In ihren Gruppen können sie nun ihre Eintragungen vergleichen und gegebenenfalls ergänzen. Diese Vorgehensweise ist zu Beginn der Unterrichtseinheit sinnvoll, da die SuS sich so gegenseitig unterstützen können. Diese Unterstützung ist nötig, da die SuS noch keinerlei oder wenig Erfahrung mit dem Lesen von längeren englischen Texten machen konnten. Stärkere SuS können als Experten agieren und schwächeren

---

[60] ebd.
[61] Hallet, Wolfgang 2010:20 ff.
[62] vgl. Hallet 2010:21
[63] Vgl. Hallet 2010:22
[64] Die hier beschriebene Methode ist übernommen von Hallet 2010:20-26.
[65] Die Formalia zu Inhaltsangaben habe ich vorher nochmals mit der Klasse geübt, da sie nicht mehr bei allen SuS präsent war.
[66] Die Bearbeitung dieser beiden Kapitel ist sinnvoll, da die SuS somit bereits einen guten Einblick in den Plot des Buches erlangen.

SuS helfen, die wiederum von der Hilfe profitieren. Die Lehrkraft agiert nunmehr als Berater und Lernbegleiter. Danach erstellen die Kleingruppen ihre Inhaltsangabe, die zunächst im Plenum präsentiert und gemeinsam besprochen wird. Nach einer gemeinsamen Einigung wird die Inhaltsangabe auf das Poster mit der jeweiligen Kapitelnummer geschrieben. Durch das Lesen von zwei Kapiteln erhalten die SuS bereits einen Überblick über den Vorfall mit dem Hund und Christophers Vorhaben die Detektivrolle in der Geschichte einnehmen zu wollen.

Haß[67] nennt die verwendete Methode „Step-by-Step approach" und führt für diese methodische Herangehensweise zum Umgang mit einer Ganzschrift folgende Vorteile und mögliche Probleme[68] an:

Vorteile	Mögliche Probleme
Einbindung der SuS möglich (z.B. für summaries, character sheets etc.)	Lesetempo der einzelnen SuS muss berücksichtigt werden
SuS können schon während der Lektüre auf bestimmte Aspekte hermeneutisch hingeführt werden	SuS müssen dazu angehalten werden, die Geschichte nicht im Vorfeld durchzulesen, so dass der Spannungsbogen aufrechterhalten bleibt
Es können unzählige Sprechanlässe geschaffen werden	Langeweile stellt sich ein, sobald der Text bekannt ist oder die SuS schon weitergelesen haben
Anreicherung mit unterschiedlichen Methoden, Sozialformen und Medieneinsatz möglich	SuS können sich nicht beteiligen, wenn sie Zuhause das Lesepensum nicht erreichen
	Gefahr der Gleichförmigkeit (zu Hause lesen, in der Stunde darüber sprechen, wieder zu Hause lesen usw.) bzw. der Lehrerzentrierung

Viele der oben angeführten Probleme lassen sich bereits im Vorfeld vermeiden. Durch meine Abwandlung von Hallets Methode[69] zum Umgang mit der Lektüre wird das individuelle Lesetempo durchaus berücksichtigt und der Gefahr der Lehrerzentrierung und der Gleichförmigkeit wird vorgebeugt.

Die anschließende Weiterarbeit der SuS an ihrem Portfolio beschreibe ich detailliert im nachfolgenden Kapitel 4.5.

4.5 Exemplarische Darstellung einer ausgewählten Sequenz

Nach dem gemeinsamen Beginn im Plenum beginnen nun die Kleingruppen[70] mit der Portfolioarbeit. Die Arbeitsaufträge sind unterteilt in Pflicht-, und Wahlaufgaben um eine Individualisierung seitens der SuS vorzunehmen. Die Pflichtaufgaben umfassen das Anwenden der Heringbone-Technik und anschließend das Schreiben einer summary des jeweiligen Kapitels im Umfang von höchstens drei Sätzen. Die Heringbone-Technik ist ein graphic organizer in Form einer Fischgräte mit dessen Hilfe man die W-Fragen (Who? What? When? Where? Why?) einer Geschichte über-

---

[67] vgl. Haß 2006:150
[68] vgl. Haß 2006: 150 ff.
[69] Die Methode sieht vor, dass nach der gemeinsamen Erarbeitung zweier summaries im Plenum, die SuS in ihren Kleingruppen an ihrem Portfolio und den Arbeitsaufträge (Pflicht- und Wahlaufgaben) weiterarbeiten.
[70] Die Kleingruppen wurden von mir aufgrund ihrer Schreibkompetenz und basierend auf meiner Erfahrung mit den SuS im Unterricht eingeteilt in Gruppen von vier bis fünf SuS.

sichtlich strukturieren kann.[71] So wird das Handlungsgerüst eines Romans übersichtlich dargestellt und dient als Basis für eine nachfolgende summary.[72] Mit Hilfe dieser Technik werden die Lesestrategien systematisch trainiert, die für das Verstehen längerer Texte benötigt werden und sich nicht nur im Fremdsprachenunterricht als Methode eignet. Die Fokussierung liegt hier auf dem Was? des Romans, also auf die „Identifizierung der wichtigsten Figuren und des Protagonisten, die zentralen Ursache-Wirkungszusammenhänge bei der Plot-Entwicklung, die zeitliche Abfolge und die Identifizierung der Schauplätze und Handlungsorte"[73].

Da der Roman zu Beginn nur ausschnittsweise behandelt wird, war die Frustration der SuS zunächst groß. Das Gefühl „wenig bis nichts" zu verstehen gab Anlass zu Beschwerden. Dennoch wurde durch die Heringbone-Technik und die Möglichkeit jederzeit auf die Gruppe als Hilfe zurückgreifen zu können, diese Frustration deutlich gemildert und schlug zeitweise in erkennbare Neugierde seitens der SuS um. Die SuS waren sehr gespannt zu erfahren, wer denn nun der Mörder des Hundes sei.

Bei dem Lesen eines Romans in der Fremdsprache ist es wichtig, eine Nichtverstehenstoleranz[74] zu entwickeln. Zur Entstehung dieser Toleranz bedarf es jedoch einen gewissen Zeitraum, der von SuS zu SuS variiert. Zudem ist es an das wiederholte Lesen von längeren Texten in der Fremdsprache geknüpft. Nur so ist es möglich die Freude am Lesen und vor allem die Motivation zum Weiterlesen zu erhalten.[75]

Durch die kooperative Portfolioarbeit war es den SuS möglich bei Schwierigkeiten auf die Hilfe ihrer Gruppenpartner zurückzugreifen ohne dabei die Selbstständigkeit aufzugeben. So wird das Lesen und Arbeiten mit einer Lektüre zum interaktiven Prozess, der ständig neu gestaltet wird. Es war hochinteressant zu beobachten, dass sich innerhalb der Gruppe auch arbeitsteilige Verfahren entwickelt haben. Die Aufgaben wurden gemeinsam besprochen und danach so aufgeteilt, dass alle Gruppenmitglieder sich mit einem bestimmten Kapitel genauer beschäftigt haben. Das Wissen des Einzelnen wurde somit den anderen Gruppenmitgliedern zur Verfügung gestellt. Diese Arbeitsteilung hat Ähnlichkeit mit der „think – pair – share - Methode".

Nach der Bearbeitung der Pflichtaufgaben haben die SuS noch mindestens drei Wahlaufgaben bearbeitet. U. a. standen folgende tasks zur Auswahl:

- Das Schreiben einer Inhaltsgabe des gesamten Romans
- Das Schreiben einer Charakterisierung von Christopher Francis Boone
- Das Zeichnen eines Bildes zu einem ausgewählten Kapitel
- Das Zusammentragen von Informationen über den Autor des Romans

---

[71] vgl. Hallet 2010:6
[72] vgl. Nünning/Surkamp 2006:212
[73] vgl. Hallet 2010:5
[74] vgl. Hallet 2010:5
[75] ebd.

Bei den Wahlaufgaben war es mir wichtig, eine möglichst vielfältige Auswahl zur Selektion zu stellen um den Interessen der SuS soweit wie möglich gerecht zu werden. Zeichen, Schreiben oder Recherche sind nur drei vorstellbare Arbeitsaufträge, die man geben kann.

Die Bewertungskriterien des Portfolios wurden zu Beginn gemeinsam besprochen und für die SuS in Form einer Tabelle ausgeteilt. (vgl. Kapitel 4.1)

Bewertet wurde nach folgenden Kriterien:

- Pünktliche Abgabe
- Äußere Form (Deckblatt, Inhaltsverzeichnis, Sauberkeit, ordentliche Schrift)
- Kreativität (bspw. Bilder, Zeichnungen, eigene Ideen, Gedanken)
- Inhalt (Vollständigkeit, inhaltliche Korrektheit, Rechtschreibung und Grammatik)
- Persönliche Entwicklung während der Unterrichtseinheit (Rohfassungen, Korrektur und Verbesserung)
- Mitarbeit und Engagement während der Unterrichtsstunden (Sozial- und Arbeitsverhalten, mündliche Mitarbeit)
-

4.6 Exemplarische Darstellung einer weiteren ausgewählten Sequenz

In der hier beschriebenen Unterrichtsequenz haben wir den Hauptprotagonisten Christopher genauer betrachtet. Zu Beginn wurden die englischen Adjektive mit Hilfe von selbst erstellten Smileys wiederholt und gemeinsam sortiert.[76] Die Smileys zeigen verschiedene Gemütszustände wie böse, traurig, lachend usw. Die SuS wurden in Gruppen von drei bis vier Mitgliedern eingeteilt und lesen innerhalb dieser Gruppen ein ihnen zugeteiltes Kapitel. Nach dem Lesen des Kapitels notieren die SuS auf ihrem „Platzdeckchen" (placemat)[77] die wichtigsten Fakten und Erkenntnisse über Christopher. Diese Aufgaben erledigt jeder SuS zunächst für sich alleine. Danach tauschen sie sich aus und einigen sich auf die wichtigsten Fakten über ihn, die sie dann wiederum in die Mitte notieren. Durch das Placemat-Verfahren, eine Form des kooperativen Lernens, sollen sich die SuS zu einem Thema zunächst individuell Gedanken machen um sich danach darüber auszutauschen.[78] Die Methode bietet folgende Vorteile[79]:

- besonders zurückhaltende SuS sind hier im Vorteil, da die schriftliche Fixierung ihnen vor dem Austausch Sicherheit bietet
- relevanter Wortschatz wird aktiviert und die Sprachfertigkeit trainiert

---

[76] Siehe Abbildungsverzeichnis 7.1
[77] ebd.
[78] vgl. Grieser-Kindel, Hensler und Möller 2006: 124
[79] ebd.

- die Team- und Toleranzfähigkeit wird durch die Gruppenabsprache und die Einigung auf die gemeinsamen Begriffe gefördert

Durch die verfügbaren Hilfskarten an jedem Gruppentisch wird sichergestellt, dass auch schwächere SuS in der Lage sind Notizen anzufertigen. Mit Hilfe der vorher erarbeiteten Informationen erstellen die SuS nun ein Plakat über den Hauptprotagonisten Christopher. Alle Informationen, die gefunden wurden, sollen somit schriftlich fixiert werden. Der Fokus liegt hier auf der Förderung der Schreibkompetenz
Es werden alle Plakate im Klassenraum aufgehängt um alle SuS-Arbeiten zu würdigen und die SuS bewegen sich frei im Raum um sich die „Ausstellung" anzuschauen. Abwechselnd präsentiert je ein Gruppenmitglied die Arbeitsergebnissen, die auf dem Plakat notiert wurden und beantwortet eventuelle Fragen der Mitschüler/innen zu beantworten. Diese Methode wird gallery walk[80] genannt. Es sprechen viele Gründe für die Durchführung eines gallery walks[81]:

- sprachliche Aktivierung der SuS und Schulung ihrer Präsentationskompetenz
- Austausch über den Inhalt, wodurch der Grad der Auseinandersetzung von den Lerninhalten abhängig ist
- Förderung der Teamfähigkeit bei der Erstellung des Plakates
- Überblick über alle Produkte und deren Würdigung
- Positive Auswirkung der körperlichen Aktivität auf die Konzentrationsfähigkeit der SuS

In der sich anschließenden Reflektion treffen wir uns im Kinositz und die SuS sollen die Frage beantworten, welche neuen Informationen sie heute über Christopher erfahren konnten. Als Hilfestellung dient die Möglichkeit sich die Antwort auf ein Karteikärtchen zu schreiben um dieses dann vorlesen zu können, wovon einige SuS Gebrauch machen. So wird nochmals zusammengetragen, was die SuS gelernt haben.
Ziel dieser Unterrichtssequenz ist es, den Inhalt der bearbeiteten Kapitel zu rekapitulieren, um sich anschließend in der Gruppe gemeinsam auf die wichtigsten Inhalte zu einigen zu können.

---

[80] vgl. Grieser-Kindel, Hensler und Möller 2006: 78
[81] ebd.

Folgende Kompetenzen wurden gefördert:

Überfachliche Kompetenzen[82]	Fachliche Kompetenzen[83]
Lernkompetenz- Arbeitskompetenz Die Lernenden planen ihren eigenen Arbeitsprozess selbstständig und verfügen über eine realistische Zeitplanung.	Kommunikative Kompetenz- Leseverstehen Die Lernenden können umfangreicheren, fiktionalen Texten Informationen über Zeit, Ort, Personen und Handlungsverlauf entnehmen und ansatzweise die Aussageabsicht verstehen.
Personale Kompetenz- Selbstregulierung Die Lernenden sind in der Lage ihren eigenen Lernprozess selbst zu steuern und zu strukturieren, in dem sie selbstständig Arbeitsaufträge erledigen.	Kommunikative Kompetenz- Sprechen Die Lernenden können Personen, Gegenstände und Vorgänge beschreiben, Handlungsabläufe einer Geschichte in elementarer Form wiedergeben, ihre Meinung dazu äußern und die Ergebnisse eigener Arbeiten vorstellen.
Sozialkompetenz- Kooperation und Teamfähigkeit Die Lernenden arbeiten produktiv zusammen. Sie tauschen Ideen und Gedanken miteinander aus und entwickeln eine allgemeine Teamfähigkeit.	Kommunikative Kompetenz- Schreiben Die Lernenden können Texte und einzelne Inhalte gelesener Texte wiedergeben.

4.7 Evaluation der Unterrichtssequenzen

Die SuS haben in den unter 4.5 und 4.6 exemplarisch ausgewählten Unterrichtssequenzen einige neue Methoden für die Arbeit mit Literatur kennengelernt bzw. gefestigt. Dadurch wurde die Methodenkompetenz der SuS gefestigt, was nicht nur für den Englischunterricht von Nutzen sein kann.

Das waren folgende Methoden:

- Kooperative Lektürearbeit
- Portfolioarbeit mit Pflicht- und Wahlaufgaben
- Heringbone-Diagramm
- Placemat
- Gallery Walk

Diese Methoden sollen die Schreibkompetenz der SuS fördern. Dadurch, dass die Schreibkompetenz mit Hilfe eines authentischen englischsprachigen Buches gefordert werden sollten, ergeben sich natürlich, wie in Kapitel 4.2 aufgeführt, weitere Lernziele für die SuS wie bspw. die Entwicklung von literacy literacy.

Die bewerteten Portfolios[84] der SuS zeigen deutlich, dass die SuS sich intensiv mit dem Roman auseinandergesetzt haben. Die Arbeitsaufgaben wurden zumeist sorgfältig bearbeitet und danach überarbeitet bis zum Endprodukt. Einige SuS waren sehr kreativ und haben Comics gezeichnet, die das Geschehen einer Schlüsselszene wiedergeben. Auch waren Zeichnungen zu finden, die erkennen ließen, dass die SuS sich mit dem Roman und dem Hauptprotagonisten auseinandergesetzt haben.

---

[82] vgl. Bildungsstandards und Inhaltsfelder Realschule S. 8 ff.
[83] vgl. Bildungsstandards und Inhaltsfelder Realschule S. 18 ff.
[84] Exemplarisch ausgewählte Ausschnitte eines Portfolios siehe Abbildungsverzeichnis 7.1

Das heringbone-Diagramm wurde als Hilfsmittel angenommen und sinnvoll genutzt. Es war den SuS eine Hilfe, nach dem Lesen eines Kapitels zunächst die W-Fragen in Stichworten notieren zu können. Die sich anschließende Zusammenfassung fiel somit sichtlich leichter.

Bei der Bewertung der Portfolios nach den vorher bekannten Bewertungskriterien[85] bin ich positiv überrascht worden. Die Portfolios der SuS waren gut strukturiert und die Arbeitsergebnisse interessant. Auch die Mitarbeit während des Unterrichts war als positiv zu bewerten.

In der zweiten Unterrichtssequenz haben sich die SuS genauer mit dem Hauptprotagonisten Christopher auseinandergesetzt. Dafür habe ich mich entschieden, da die SuS bezüglich Christopher einige Fragen hatten und sein Verhalten in einigen Szenen nicht nachvollziehen konnten. Mit Hilfe des Placemats und dem Gallery Walk haben sie sich intensiv mit ihm auseinandergesetzt. Dadurch, dass jede Gruppe ein anderes Kapitel bearbeiten sollte, ergab sich am Ende ein Gesamtbild von Christopher. So wurde es für die SuS leichter, sich in ihn und seine Rolle im Roman hineinzuversetzen.

Der abschließende Fragebogen zur Evaluation der ausgewählten Unterrichtssequenzen zeigt, dass die SuS

- die Arbeit mit dem Roman als überwiegend positiv empfanden
- den Umgang mit dem Portfolio als abwechslungsreich bewerten
- nach anfänglicher „Leseunlust" Interesse am Lesen gefunden haben
- Interesse haben nochmals mit einem literarischen Text im Englischunterricht zu arbeiten

---

[85] Siehe Abbildungsverzeichnis 7.1

5 Fazit

Laut den Bildungsstandards und Inhaltsfelder der modernen Fremdsprachen für die Realschule[86] wird die Schreibkompetenz, die zu den kommunikativen Kompetenzen gehört, wie folgt beschrieben: „Die Lernenden können zusammenhängende Texte zu vertrauten Themen verfassen." Diese allgemeine Definition wird konkretisiert durch „Sie können"-Deskriptoren[87], die u.a. lauten:

Sie können

- Texte zu Themen aus ihren Interessengebieten verfassen
- standardisierte Briefe und E-Mails formulieren
- Gegenstände und Personen in ihren wesentlichen Merkmalen beschreiben und charakterisieren
- inhaltlich unkomplizierte Texte zusammenfassen
- zu vertrauten Themen Stellung nehmen

Anhand dieser Auflistung lässt sich feststellen, dass die SuS eigene Texte zu Themen verfasst, Briefe an Christopher geschrieben, Personen beschrieben, charakterisiert, Texte zusammengefasst und zu Themen Stellung genommen haben. In diesen Bereichen haben sie ihre Kompetenzen ausgebaut, wie man an den Endprodukten im Portfolio merken konnte. Allerdings ist es wichtig anzumerken, dass die Verbesserung der Schreibkompetenz unter Betrachtung der individuellen Bezugsnorm gesehen werden muss und nicht im Vergleich zu anderen SuS. Die Schreibkompetenz in der gesamten Klasse ist durchaus heterogen. Einige SuS können zusammenhängende Texte mit wenigen Fehlern produzieren, andere SuS haben damit noch größere Probleme. Eine Kompetenz benötigt Zeit und Raum sich weiterzuentwickeln und eine Unterrichtseinheit reicht dazu nicht aus.

Erfreulich ist es, dass die SuS kreativ und phantasievoll mit dem Roman umgegangen sind und mit Hilfe der heringbone-Technik in der Lage waren, Zusammenfassungen zu erstellen. Das ist eine erstaunliche Leistung, da der Roman unbekannte Vokabeln und noch einen zweigeteilten Plot enthält. Die Konzentrierung auf den Plot- auf die Beantwortung der W-Fragen- hat sich als sinnvoll erwiesen. Alles andere hätte die SuS überfordert. Auch der gemeinsame Beginn im Plenum hat sich ausgezahlt um die SuS zunächst zum Thema hinzuführen.

Die Kombination aus literarischem Text und Förderung der Schreibkompetenz hat sich als positiv erwiesen. Wie in Kapitel 2.1 beschrieben, gibt es vielfältige Gründe für die Arbeit mit Literatur. Durch die Entscheidung für einen authentischen Roman werden die Ziele des Literaturunterrichts weitestgehend verstärkt.

---

[86] Bildungsstandards und Inhaltsfelder für die modernen Fremdsprachen Realschule 2005:19
[87] ebd.

Im Laufe der Unterrichtseinheit konnte ich feststellen, dass die SuS…
- erste Erfahrungen mit authentischen englischsprachigen Romanen sammeln konnten
- einige Merkmale eines Romans kennengelernt haben
- einige neue Methoden der Literaturarbeit kennengelernt haben
- sich mit dem Roman auseinandergesetzt haben
- begonnen haben sich mit dem Hauptprotagonisten zu identifizieren
- den Roman als Gesprächsanlass genutzt haben
- Freunde am Lesen entwickelten
- ihre „Nichtverstehenstoleranz" weiter ausgebildet haben
- ihren Wortschatz erweitert haben
- Neugierde gezeigt und Stellung zu dem Plot des Buches bezogen haben
- ihre Schreibkompetenz erweitert haben
- ihr Leseverstehen geschult haben
- während der Gruppenarbeit ihre Sozialkompetenz weiter gestärkt haben

Wichtig ist es, dass regelmäßig und fortlaufend mit Literatur gearbeitet wird, so dass sich ein langfristiger Kompetenzerwerb vollziehen kann. Haß[88] schlägt vor, eine Ganzschrift mindestens einmal pro Schuljahr zu bearbeiten, da es sich hoch motivierend auf die SuS und den Fremdsprachenunterricht auswirken kann. Dies gilt auch für die Schreibkompetenz der SuS, die ein regelmäßiges Üben verlangt.

Eine einmalige Unterrichtseinheit kann die SuS dazu anregen regelmäßig zu lesen und einen Einblick in die Literaturarbeit geben. Dennoch ist es nötig, dass regelmäßig mit den verschiedensten Textarten gearbeitet wird, so dass die SuS nach und nach ein literary literacy entwickeln.

Zusammenfassend kann man sagen, dass die SuS mit Hilfe des authentischen englischsprachigen Romans „The Curious Incident of the Dog in the Night-Time" von Mark Haddon ihre Schreibkompetenz gefördert haben. Zudem haben sie einen Einblick in die Arbeit mit englischsprachiger Literatur erhalten. Der Roman dient als Grundlage der Förderung der Schreibkompetenz und dient als Ausgangspunkt für die weitere Spracharbeit. Eine Kombination von Literatur und Förderung von anderen kommunikativen Kompetenzen wie bspw. dem Sprechen wäre sicherlich vorstellbar.

---

[88] 2006:149

6 Ausblick

Für meinen zukünftigen Englischunterricht möchte ich weiterhin die kommunikative Kompetenz der SuS fördern. Das umfasst natürlich die Schreibkompetenz, aber auch das Sprechen, das Hören, das Lesen und die Sprachmittlung. Nur durch die Kombination aller kommunikativen Fertigkeiten kann der SuS dazu befähigt werden, auch außerhalb des Klassenraums die Fremdsprache zu nutzen. Das Handeln in der Fremdsprache ist somit das Ziel des Fremdsprachenunterrichts, aber umfasst auch den Weg dorthin.[89] Der Unterricht in der Schule kann durchaus dazu beitragen, den SuS durch die regelmäßige Verwendung der Zielsprache in Kombination mit sinnvollen Aufgaben zu befähigen, in der Fremdsprache agieren zu können.[90]

Auch das regelmäßige Verwenden von Literatur trägt dazu bei, dass die SuS sich mit der eigenen Kultur im Vergleich zu fremden Kulturen auseinandersetzen, um interkulturell Handeln zu können.[91]

Auch zukünftig möchte ich meine SuS in den Mittelpunkt des Unterrichts stellen, ihr Vorwissen einbringen und ihre Interessen einbeziehen. In dieser Unterrichtseinheit bspw. konnten sie nach ihren Interessen den zu lesenden Roman auswählen oder sich Wahlaufgaben aussuchen.

Unter diesen Voraussetzungen ändert sich meine Lehrerrolle. Ich war vermehrt Begleiter des Lernprozesses der SuS. Mein Ziel ist es, die SuS zu befähigen, ihren eigenen Lernprozess selbst steuern zu können. Dies geht einher mit einer zunehmenden Öffnung des Englischunterrichts. Aus diesem Grund ist es mein persönliches Ziel, den Unterricht nach und nach offener zu gestalten.

Außerdem möchte ich weiterhin die Methodenkompetenz der SuS stärken, so dass sie nach und nach über ein vielfältiges Repertoire verfügen. Hier möchte ich besonders offene Methoden vermehrt üben, die mein Ziel unterstützen den Unterricht zu öffnen.

---

[89] Haß 2006:21
[90] ebd.
[91] ebd.

7 Quellenverzeichnis

7.1 Abbildungsverzeichnis

7.1.1 Rekursiv verlaufender Prozess der Textproduktion[92]

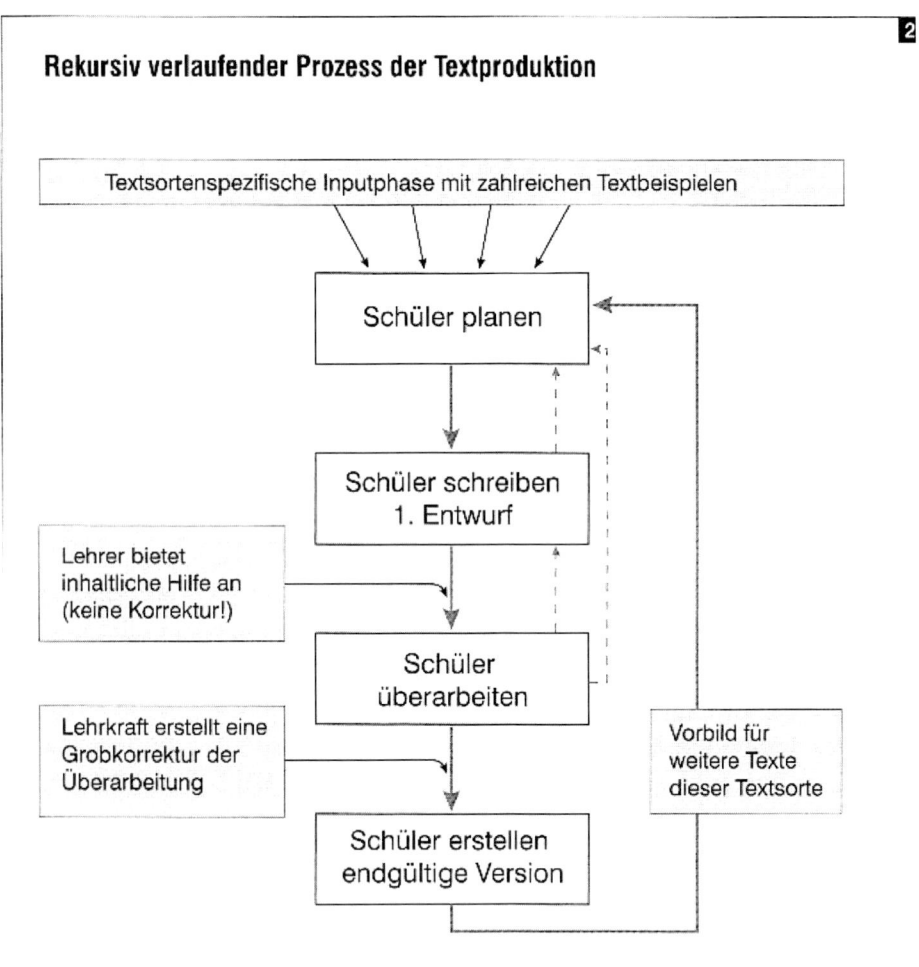

---

[92] Kieweg 2009:5

7.1.2 Exemplarisch ausgewählter Fragebogen Seite eins zum Leseverhalten

31.10.2012

Erhebungsbogen zur Unterrichtseinheit
„The curious incident of the dog in the night-time"

Fragebogen zum Leseverhalten von Schülerinnen und Schülern

1) Wenn du in deiner Freizeit tun und lassen kannst, was du willst: Was machst du dann besonders gerne? Du kannst mehrere Tätigkeiten angeben!

- o Spielen
- ☒ Bücher lesen
- o Comics oder Heftchen lesen
- ☒ Fernsehen
- ☒ Ins Kino gehen
- o Radio oder CDs hören
- o Zeitschriften lesen
- o Sport treiben
- ☒ Zeitung lesen
- o Mit Freunden oder Freundinnen zusammen sein
- o Musizieren
- ☒ Beschäftigung mit dem Computer
- o Nichts davon

2) Was machst du besonders gerne, wenn du über eine Sache, die dich sehr interessiert, mehr erfahren willst? Du kannst mehrere der folgenden Tätigkeiten angeben!

- ☒ Bücher lesen
- ☒ Fernsehen
- o Radio hören
- o Zeitschriften lesen
- ☒ Zeitung lesen
- ☒ Mit anderen darüber reden
- o Im Internet suchen
- o Nichts davon

3) Wie oft liest du im Allgemeinen Bücher? („Lesen" ist auch Nachschlagen, Nachschauen, etc.)

täglich	wöchentlich	monatlich	selten	nie
X				

Wenn du Bücher liest, was für Bücher liest du denn gerne?

Meistens spannende Krimibücher, aber lustige Comedybücher lese ich auch.

7.1.3 Das Prozessmodell

Titel der Einheit:

In wie fern kann die kommunikative Kompetenz der Schüler/innen durch das Lesen einer authentischen englischsprachigen Lektüre "The Curious Incident of the Dog in the Night-Time" gefördert werden? (22 Std)

Ziele der Einheit: Die SuS erschließen ein authentisches Jugendbuch in der Zielsprache. Sie nutzen das heringbone-diagram um Inhaltsangaben zu einzelnen Kapiteln zu schreiben und sind in der Lage sich unbekannte Wörter aus dem Kontext zu erschließen oder gegeben falls zweisprachige Wörterbücher zu nutzen. Sie steuern und dokumentieren ihren Lernprozess selbstständig, in dem sie ein Portfolio nutzen. Die SuS können das Verhalten der Personen im Buch ansatzweise beschreiben.

Lernen vorbereiten und initiieren (2Std)

Hier soll das Vorwissen der SuS aktiviert und daran angeknüpft werden. Das daraus resultierende Wissen soll für die Weiterarbeit genutzt werden.

- Kompetenzfeststellung Schreiben und Fragebogen zum Leseverhalten der SuS (Basis für Gruppeneinteilung und Bewertung)
- Vorstellung von verschiedenen Lektüren durch die SuS und gemeinsame Abstimmung, welches Buch gelesen wird (Motivation und Einbezug der SuS-Interessen)
- Advance Organizer wird gemeinsam erstellt und ist jederzeit präsent (Transparenz)
- Transparenz der Leistungserwartung (Inhalt des Portfolios und Bewertungskriterien werden besprochen; Abgabetermin festgelegt)

Lernwege eröffnen und gestalten (13 Std)

Die SuS sollen hier aktiv und selbstständig in EA und GA das Jugendbuch bearbeiten. Alle Aufgaben werden im Portfolio gesammelt. Die Lehrerin ist Lernbegleiter und berät, falls nötig.

- Erstellung Inhaltsangabe mit Hilfe des heringbone-diagram in GA / Besprechung im Plenum (2 Std)
- Danach EA Inhaltsangabe zu bestimmten Kapiteln mit der Möglichkeit sich Hilfe bei der Gruppe zu holen (6 Std) → Portfolioarbeit im Unterricht und zu Hause
- **Genauere Betrachtung des Hauptprotagonisten Christopher Boone (siehe Verlaufsplan) mit anschließendem Gallery Walk (1 Std)**
- Characterization Christopher (2 Std)
- Bearbeitung von Wahlaufgaben in Einzelarbeit (5 Std)

Orientierung geben und erhalten (2 Std)

- Die SuS erhalten in ihrer Gruppe eine peer-Evaluation für ihre Portfolios mit Tipps zur Weiterarbeit
- Rückmeldung durch die Lehrkraft bei Bedarf
- SuS legen ihre Ziele für die Weiterarbeit schriftlich im Portfolio fest

---

Kompetenzen stärken und erweitern (3 Std)

- Weiterarbeit an Portfolios nach den Rückmeldungen
- Jederzeit weitere Hilfen durch die Gruppe oder die Lehrerin möglich
- L. steht als Lernbegleiter zu Verfügung für eventuelle Fragen)
- Who wants to be a millionaire?

Lernen bilanzieren und reflektieren (2 Std)

- Portfolios werden in den Gruppen vorgestellt
- Fragen werden geklärt
- Portfolios werden anhand der vorher bekannten Kriterien bewertet
- Lehrerin gibt schriftliches Feedback für die Weiterarbeit im Englischunterricht

7.1.4 Ausschnitte aus exemplarisch ausgewählten Portfolios

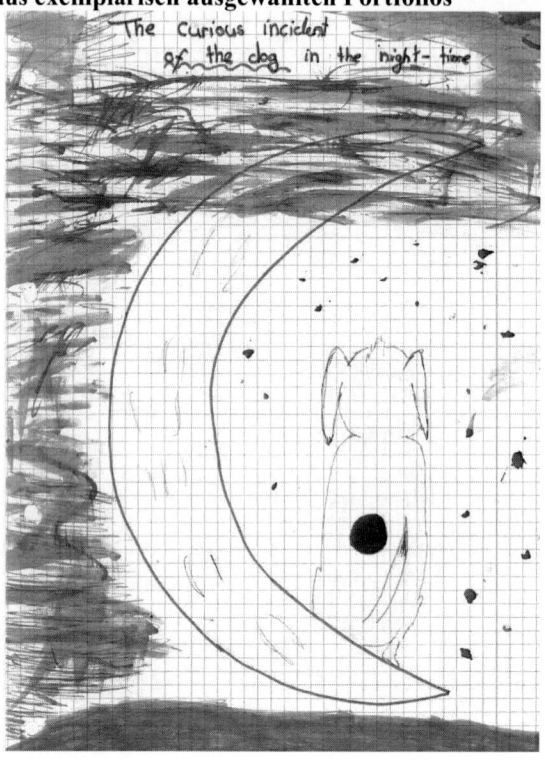

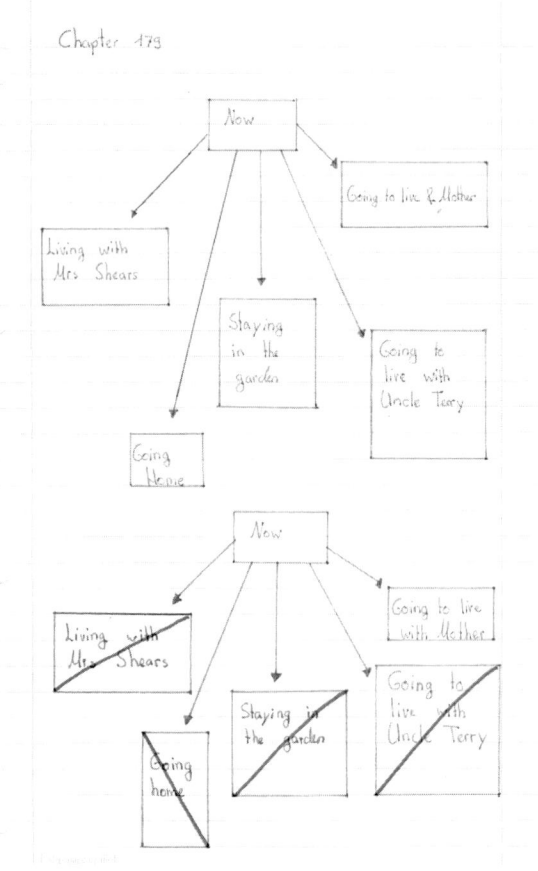

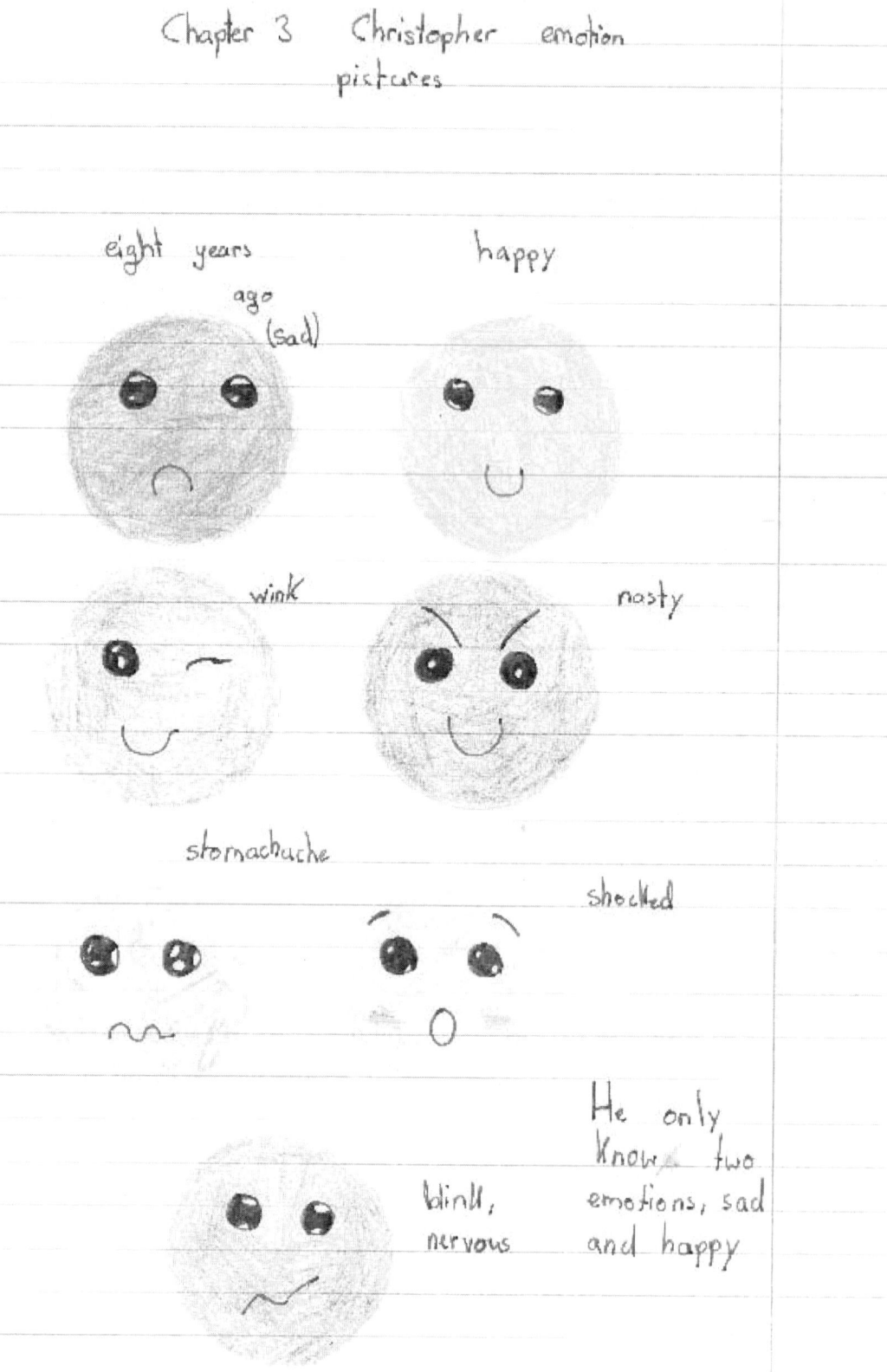

Summary chapter 79.   21.11

When Chris gets home, his dad has made supper for him. He talks to his father about Wellington. His father says, that Chris should keep his nose out of other people's buisness. Chris promises his father, that he stops doing these things and that he will give up this ridicolous game right now.

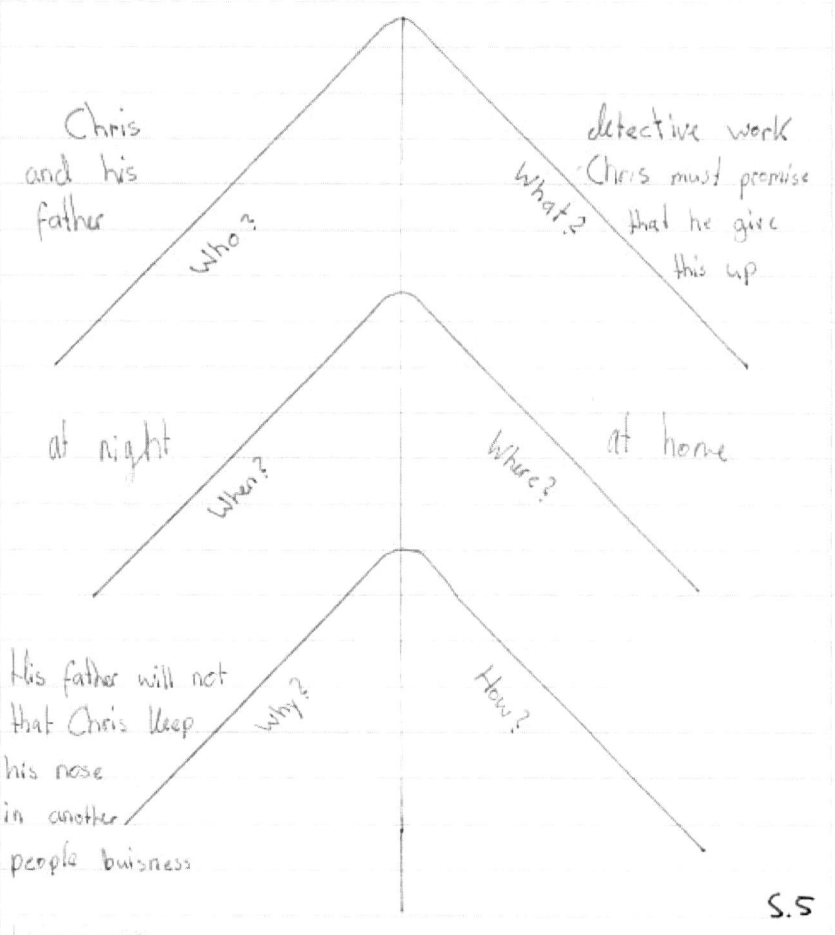

Who? Chris and his father
What? detective work — Chris must promise that he give this up
When? at night
Where? at home
Why? His father will not that Chris keep his nose in another people buisness
How?

S.5

7.1.5 Advance Organizer

7.1.6 Einige Beispiele für die Wahlaufgaben der Portfolioarbeit

- Draw or paint a picture of a chapter of your choice
- Write a summary of a chapter in German
- Read chapter 179 again where Christopher's father tells him to stop the detective game. Say why Christopher should stop or not?
- Find out some information about the author and write a text about him. (at least ½ page)
- Write a letter to Christopher at the end of the book. What do you want to tell him? (1/2 pages)

7.1.7 Ein Smiley, das die SuS selbst erstellt haben

7.1.8 Placemat activtiy

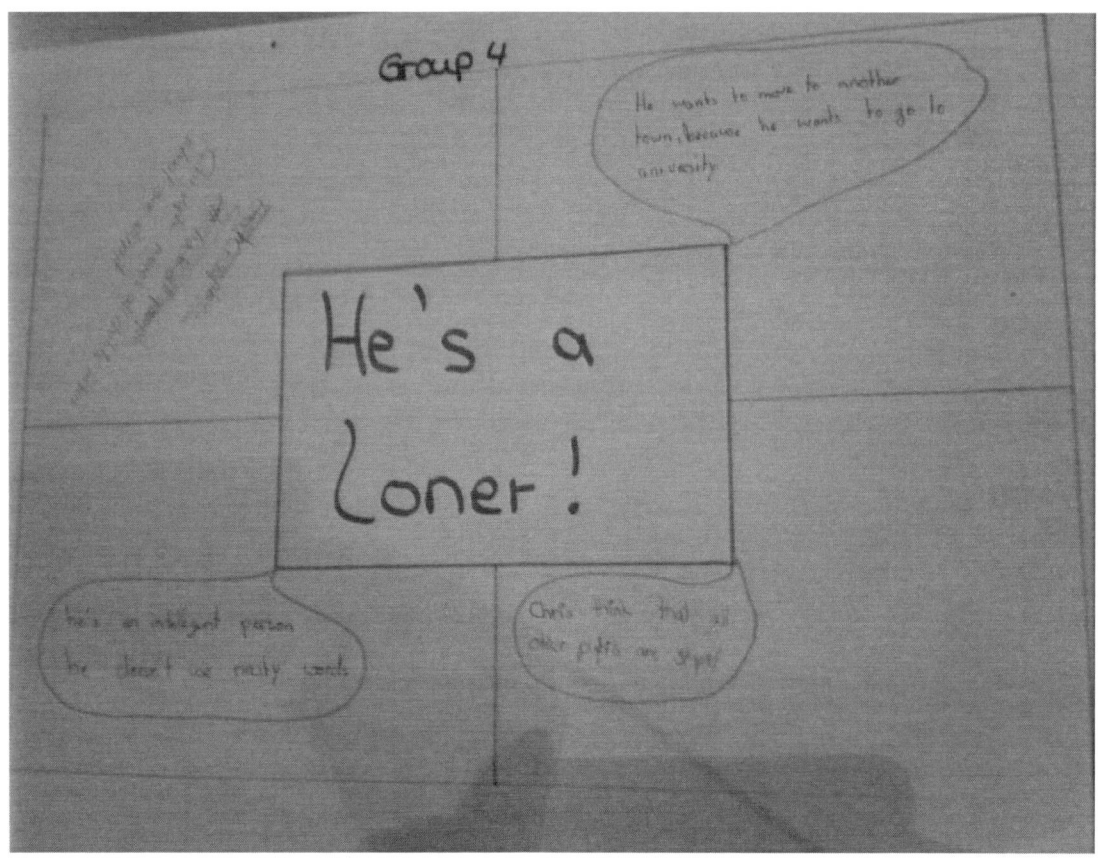

7.1.9 Bewertungskriterien

Bewertungskriterium (Gewichtung in %)	1	2	3	4	5	6	Kommentar
Pünktliche Abgabe 10 %							
Äußere Form 10 %							
Kreative Gestaltung 10 %							
Inhalt 30 %							
Persönliche Entwicklung 15 %							
Mitarbeit und Engagement während der Unterrichtsstunden 25 %							

- Pünktliche Abgabe am **19.12.2012**
- Äußere Form (Deckblatt, Inhaltsverzeichnis, Sauberkeit, ordentliche Schrift…)
- Kreativität (Bilder, Zeichnungen, eigene Ideen, Gedanken…)
- Inhalt (Vollständigkeit (s. Pflichtaufgaben) , Korrektheit, Rechtschreibung und Grammatik…)
- Persönliche Entwicklung (Rohfassungen, Korrektur und Verbesserung)
- Mitarbeit und Engagement während der Unterrichtsstunden (Sozial- und Arbeitsverhalten, mündliche Mitarbeit…)

7.2 Literaturverzeichnis

Bildungsstandards und Inhaltsfelder für die modernen Fremdsprachen Realschule

Grieser-Kindel, Christin, Hensler, Roswitha und Stefan Möller (2006): MethodGuide- Schüleraktivierende Methoden für den Englischunterricht in den Klassen 5-10. Schöningh: 2006.

Romane lesen lernen. FSU 107 2010 Hallet, wolfgang romane lesen lernen2-9

Teenage Fiction in the Active English Classroom

Englische Literatur unterrichten 1

Bildungsstandards des hessischen Kultusministeriums für die modernen Fremdsprachen

Kieweg 2009: 2 in process writing

Europarat, Rat für kulturelle Zusammenarbeit (2000/2001): Gemeinsamer europäischer Referenzrahmen für Sprachen: lernen, lehren, beurteilen. Berlin/münchen/wien: Langenscheidt.

Carter, Ronald und Michael Long (1991): Teaching Literature. Harlow: Longman.

Bredella, Lothar (1995): Verstehen und Verständigung als Grundbegriffe und Zielvorstellung des Fremdsprachenlehrens und –lernens? In: Bredella, Lothar (hrsg.): Verstehen und Verständigung durch Sprachenlernen? Bochum:Brockmeyer. 1-34.

Lazar, Gillian (1993): Literature and Lanuguage Teaching. A guide for Teachers and Trainers. Cambridge: Cambridge UP.

Bredella, Lothar and Werner Delanoy, Hrsg. (1999a): Interkultureller Fremdsprachenunterricht. Tübingen: Narr.

Thaler, Engelbert 2012 EWnglisch Unterrichten

Weskamp –ralf Fachiddaktik Grundlagen und Konzepte 2001

Haß, Frank 2006

Decke-Cornill, Helene 1994: „Intertextualität als literaturdidaktische Dimension: Zur Frage der Textzusammenstellung bei literarischen Lektürereihen." Die Neueren Sprachen 93: 272-287.

Hallet, Wolfgang (2010): Curious Indicdents for Curious Readers- Plot-orientierte und differenzierende Romanlektüre. In: Der fremdsprachliche Unterricht Englisch. 107: 20-25.

Breuer, Ulrike/Peters-Hilger, Martina (2007): Mark Haddon, The Curious Incident of the Dog in the Night-Time. Einfach Englisch Unterrichtsmodell. Paderborn: Schöningh.

Kinzel, Till/ Schwindt, Bianca (2009): "Mark Haddons The Curious Incident of the Dog in the Night-Time als Lektüre in der Sekundarstufe 1." In: Hollm, Jan (Hrsg.): Literaturdidaktik und Literaturvermittlung im Englischunterricht der Sekundarstufe 1. Trier: WVT. 157-168.

Nünning, Ansgar & Surkamp, Carola (2006): Narrative Texte". In: Englische Literatur unterrichten: Grundlagen und Methoden. Seelze:Klett/Kallmeyer. 199-232.

Bildungsstandards Realschule

7.3 Internetquellen

www.iqb.hu-berlin.de Institut für Qualitätsentwicklung